TAROT
VALENTINA

Intuitives
ÉDITIONS

À la mémoire de Guido et Luisa Crepax

Illustrations de Guido Crepax
Avec la collaboration d'Archivio Crepax
Colorisations et adaptations graphiques
par Emanuele Bestetti et Laura De Alexandris
Remerciements particuliers à Antonio,
Caterina et Giacomo Crepax

Titre Original : *Valentina Tarot*
Publié pour la première fois par Lo Scarabeo.

Traduit de l'anglais par Sarah Idrissi

ISBN : 978-2-38297-014-0

www.editions-tredaniel.com
info@guytredaniel.fr
www.facebook.com/editions.tredaniel

collection
LO SCARABEO

SOMMAIRE

INTRODUCTION

GUIDO CREPAX : SA VIE ET SON ŒUVRE

Né à Milan le 15 juillet 1933, Guido Crepas (alias Crepax) démontre déjà à l'âge de trois ans une bonne maîtrise des formes des gens, des animaux et des choses. À douze ans, Crepax conçoit, dessine et commercialise ses trois premiers albums de bandes dessinées en toute autonomie. Naissaient alors *L'Homme invisible* (tiré du film éponyme de Wale), *Docteur Jekyll et Mister Hyde* (d'après le livre de Stevenson) et *Le Vampire* (d'après le film *Nosferatu de* Friedrich Murnau). Durant les cinq années qui suivent, au lycée, il perfectionne son style d'illustrateur en dessinant des sujets wagnériens et des scènes tirées des romans de Jules Verne ou des nouvelles d'Edgar Allan Poe (il en réinterprétera trois d'entre elles des années plus tard en bandes dessinées : *Double assassinat dans la rue Morgue* en 1967 ; *Le Mystère de Marie Roget* en 1970 et *La Lettre volée* en 1990).

Tandis que Crepax fréquente la faculté d'architecture de l'École polytechnique de Milan, son frère aîné Franco, qui travaille déjà comme manager de maison de disques, l'encourage à concevoir la pochette d'un disque du pianiste de jazz Fats Waller. Il décroche ainsi en 1953 son premier contrat rémunéré. Plus de deux cents autres pochettes suivront, qui couvrent une grande variété de genres musicaux (du jazz à la musique classique en passant par les chansons italiennes modernes et la musique dance), et produites pour de grandes maisons de disques italiennes et étrangères. Crepax s'inspire du maître américain David Stone Martin pour la conception de ses couvertures de jazz, et c'est grâce à elles que le jeune illustrateur obtient son premier contrat dans la publicité : une campagne publicitaire prestigieuse pour l'essence Shell qui, en 1957, remporte la Palme d'or de la publicité. En 1958, il obtient son diplôme d'architecte, mais finit bientôt par se consacrer totalement au dessin. Outre la campagne pour Shell (où il a également participé à la rédaction des textes), Crepax illustre des publicités pour des sociétés comme Biraghi, Hanorah, Campari, Esso, Monier, Standa et les périodiques *Rizzoli*.

À partir de 1959, il entame une collaboration de trente ans avec la revue *Tempo Medico*. Il y crée plus de deux cents couvertures consacrées aux médecins et chercheurs italiens les plus célèbres ainsi qu'une rubrique de quiz en bande dessinée sur des cas médicaux, appelée la *Clinicommedie*. Il réalise d'autres travaux pour l'édition : en 1963, il produit de grandes illustrations en couleurs représentant des reconstructions historiques pour l'encyclopédie *Le Civiltà* de Vallardi Editore ; en 1963 et 1964, d'autres illustrations à caractère éducatif pour l'encyclopédie Mondadori *Per Voi Ragazzi* et des couvertures et illustrations pour la revue automobile *Velocità* et la revue de science-fiction *Galaxy*. En outre, il conçoit des couvertures pour la *Piccola Biblioteca Ricordi*, des manuels scolaires pour les maisons d'édition Calderini et Loescher et des livres publiés par Bompiani, Garzanti, Sonzogno et Sugarco. Grâce à sa grande polyvalence, entre 1962 et 1965, il illustre également les histoires de nouveaux auteurs pour la revue féminine *Novella* et quelques rubriques dans *Marie Claire*.

En 1965, il apparaît dans les pages du tout nouveau magazine *Linus*, fondé et dirigé par Giovanni Gandini (soutenu par des écrivains tels qu'Umberto Eco et Elio Vittorini) avec sa première histoire en bande dessinée, *La Curva di Lesmo* [*La Courbe de Lesmo*]. L'histoire met en scène le critique d'art Phil Rembrandt et la photographe Valentina Rosselli, dont les aventures et la vie seront le sujet de ses récits pendant trente-cinq ans. C'est à partir de ce moment que Crepax découvre la joie d'être totalement libre d'inventer ses histoires et de choisir leur présentation graphique, en adoptant la bande dessinée comme forme d'expression artistique : « Je ne suis pas écrivain et la seule voie s'offrant à moi semblait être d'allier texte et dessins d'une manière très personnelle. Chaque fois que j'illustrais des histoires écrites par d'autres personnes, je me sentais un peu comme un intrus ». Après une première période de cinq ans, consacrée presque entièrement à Valentina, Crepax invente d'autres personnages et d'autres histoires entre la fin des années 1960 et le début des années 1970 : *Belinda contro i mangiadischi* [*Belinda contre les tourne-disques*] (1967), qui se déroule dans le monde du disque et dont la série est publiée dans l'hebdomadaire *Sorrisi e Canzoni* ; *L'Astronave pirata* [*Le Vaisseau pirate*], probablement le premier roman graphique italien, publié en 1968 par Rizzoli ; *U* (1970), qui raconte l'histoire d'un homme seul dans un monde de bêtes sauvages, publié par le magazine underground *Ubu* ; *Bianca : la casa matta* [*Bianca : la maison folle*] (1968-1971), paru dans le mensuel *New Kent* ; *La Calata di Mac Similiano XXXVI* [*La Descente de Mac Similian XXXVI*] (1969), publié dans *Linus* ; et *Anita : una storia possibile* [*Anita : une histoire possible*] (1971), publié dans le magazine de bande dessinée *Sorry*. Entre-temps, les histoires de Valentina continuent d'être publiées dans *Linus* et ses suppléments, et sont par la suite reliées en volumes, traduites et diffusées dans les principaux pays européens ainsi qu'au Japon, aux États-Unis et en

Amérique du Sud. Les histoires de Valentina sont ensuite reprises dans le film *Baba Yaga*, réalisé par Corrado Farina en 1973 et mettant en scène Isabelle de Funès dans le rôle principal, puis en 1989, dans une série télévisée avec l'actrice américaine Demetra Hampton dans le rôle de Valentina.

En 1973, Crepax produit sa première bande dessinée basée sur le roman d'un autre auteur : il s'agit de la scandaleuse *Histoire d'O*, de Pauline Réage, que l'éditeur Franco Maria Ricci publie dans un luxueux volume grand format qui est très critiqué tant pour son contenu que pour son prix. À partir de ce moment, Crepax revient périodiquement à l'illustration d'histoires tirées de romans d'autres auteurs, compensant ainsi certaines baisses de créativité inévitables dans la saga sur Valentina et pour les autres héroïnes qu'il a créées. Cela aboutit sur un riche filon d'histoires tirées de romans érotiques, dont *Mémoires* de Casanova (1976), *Emmanuelle* (1978), *Justine* (1979) et *La Vénus à la fourrure* (1983), sans oublier les suites d'*Histoire d'O* (1984-1985) et d'*Emmanuelle* (1990). Certains de ses récits qui se réfèrent à de célèbres romans d'horreur et d'autres genres sont plus importants d'un point de vue littéraire. *Docteur Jekyll et Mister Hyde* (1985-1986), *Le Tour d'écrou* (1989), *Le Procès* d'après Kafka (1997) et *Frankenstein* (1999), la dernière grande histoire que Crepax réussit à achever. Dans les dernières années de sa vie, en effet, il y a plusieurs romans que l'auteur, alors atteint de sclérose en plaques, tente de réinterpréter en bandes dessinées sans pouvoir les terminer. Parmi les exemples notables, on peut citer les pages et les illustrations inspirées du roman *La Nouvelle rêvée* d'Arthur Schnitzler (2000) et de nombreux autres livres que Crepax aimait, dont il ne reste que quelques pages. Tout au long de sa longue et prolifique carrière, Crepax illustre plus de soixante-dix aventures sur Valentina, de nouveaux épisodes de *Belinda, Bianca et Anita*, et d'autres histoires en série avec des héroïnes de la vie quotidienne conçues par sa plume, comme le modèle photographique Becky Lee (1986-1988), la journaliste Giulietta (1987-1989) et l'adolescente Francesca, publiées dans le magazine *Lupo Alberto* entre 1992 et 1995. Pour les éditions Bonelli Editore, il a participé à la série *Un uomo un'avventura* [*Un homme, une aventure*] avec deux livres : *L'Uomo di Pskov* [*L'Homme de Pskov*] en 1977 et *L'Uomo di Harlem* [*L'Homme de Harlem]* en 1978. Trois autres histoires sur Francis Drake, Charles Darwin et les Mongols en Chine sont commandées par l'éditeur français Larousse pour son Encyclopédie de la bande dessinée entre 1978 et 1980. Il illustre également une histoire pour une bande dessinée artistique sur les chemins de fer, *Scambio imprevisto*

[*Changement inattendu*], en 1992. Au total, en trente-cinq ans d'activité, Crepax réalise environ 4500 illustrations de bandes dessinées et ses livres sont publiés dans plus de 200 maisons d'édition à travers le monde et dans un grand nombre de langues différentes.

Pour ce qui est de son travail de graphiste dans la publicité, il le conserve au fil des ans pour s'assurer la stabilité financière nécessaire pour être libre de faire autre chose. Dans les années 1970, Crepax conçoit des affiches et des pages publicitaires pour l'entreprise de vêtements Nexam, qui réalise une collection sous la marque « Robe de Valentina ». Toujours dans les années 1980 et le début des années 1990, il reçoit de nouvelles missions dans le domaine de la publicité pour Breil, Iveco, Fuji, Honda et Sharp, dans lesquelles son personnage Valentina a souvent un second rôle de voix testimoniale. Concernant son travail de designer, Guido Crepax, qui aurait dû être architecte, conçoit des tapis pour Montecatini, des écrans en contreplaqué et une série d'écharpes en soie colorée pour Rinascente, des articles de linge de maison pour Giori et Zucchi et du carrelage pour Cotto Veneto. Tout ce travail, qui en apparence contraste avec son œuvre artistique et ses bandes dessinées, lui a également permis de cultiver son engagement en politique, en concevant des dizaines d'affiches gratuites pour la Quatrième Internationale trotskiste, d'autres groupes extra-parlementaires de gauche, et des associations à but non lucratif comme Amnesty International.

N'oublions pas sa vieille passion pour les jeux de société, qu'il a créés non pas comme des produits commercialisables, mais uniquement pour jouer avec ses enfants et ses amis. Pour se reposer des nombreuses heures passées sur sa planche à dessin, Crepax a en effet reproduit au fil des ans une vingtaine de grandes batailles historiques, dessinant aussi bien les armées que les champs de bataille. Une incroyable collection de centaines de soldats en carton illustrés recto et verso, allant des chevaliers de la Bataille du lac Peïpous en 1242, à ceux d'Azincourt en 1415 et de Pavie en 1525. À cela s'ajoutent toutes les principales batailles du cycle napoléonien, entre les Français et les différentes coalitions de monarchies européennes alliées contre Napoléon, y compris les affrontements navals : la bataille du Nil et la bataille de Trafalgar et leurs flottes connexes. Il a également conçu un beau jeu – et non une bataille – inspiré par le jeu « Serpents et échelles », appelé le « Jeu d'Orlando Furioso », fidèle au poème d'Arioste, avec des affrontements entre Paladins et Sarrasins. Deux jeux de société créés par Crepax, « Il Marco Polo » et « Alla ricerca di Nathalie e Andreij » [« À la recherche de Nathalie et Andreij »] ont été produits pour faire la publicité de la Polo de Volkswagen et des lits Flou.

Guido Crepax a quitté ce monde le 31 juillet 2003. C'est grâce à son incroyable production de dessins et d'images d'individus et de situations très diverses qu'Archivio Crepax a pu créer ce jeu de tarot peu conventionnel, qui respecte néanmoins la symbolique des arcanes.

ÉCLECTISME ET INTÉRÊTS SPÉCIFIQUES DE GUIDO CREPAX

Quand il se tourne vers la bande dessinée, après de nombreuses expériences en tant qu'illustrateur et graphiste publicitaire, Crepax est prêt à offrir le meilleur de lui-même dans la forme artistique qui lui plaît le plus. Un ensemble de scénarios, de dessins et de textes produisant le mélange parfait pour un auteur qui ne se sent pas réalisateur, écrivain ou peintre, mais qui l'est cependant, au moins en partie. Ses histoires de bandes dessinées sont d'incroyables compositions de styles et de sujets et ont donné libre cours (c'est bien dit !) à ses manies d'accumulateur en série et de collectionneur infatigable.

Pour ce qui est du **style**, il n'abandonne pas les esprits gardiens ayant guidé son parcours jusqu'alors – le peintre Ben Shahn et l'illustrateur de couvertures David Stone Martin – mais ils sont les supports d'accumulation de présentations visuelles des plus disparates. Crepax est extrêmement réceptif et a tendance à assimiler tout ce qui lui plaît. Sortant des limites rigides de la brièveté publicitaire, son travail de dessin se transforme en un supermarché stylistique incroyable et chaotique, sur les rayons duquel on peut trouver, côte à côte et avec une nonchalance absolue, des éléments de l'expressionnisme et de l'Art nouveau, de l'architecture baroque et de Le Corbusier, des fresques de la Renaissance et des compositions d'Art optique, de mobilier Domus et de cathédrales gothiques. L'un des principaux mérites de l'auteur est sans aucun doute de s'être montré extrêmement attentif aux modes et aux courants figuratifs de son temps et d'avoir ainsi réussi à tout assembler dans un énorme fourre-tout sans qu'il éclate. Dès leur émergence, sans perdre de temps, il les jette dans son chaudron, qui parvient à digérer le tout, précisément grâce à la nature de caravansérail qu'il parvient à lui donner. Il ne faut donc pas s'étonner si, en analysant tout le cycle de ses histoires en bandes dessinées, on se retrouve face à un authentique puzzle plein d'inserts et de références thématiques. Si vous les lisez telles qu'elles ont été publiées, vous risquez de perdre le fil du thème principal. Mais Crepax est aussi un grand pédant qui aime pinailler. C'est pourquoi, si vous les relisez toutes ensemble, vous découvrez que le supposé labyrinthe est en fait parfaitement linéaire.

De plus, en ce qui concerne les **thèmes**, les histoires de Crepax débordent d'indices liés à l'époque et de citations appartenant à un champ d'œuvres très vaste. Là encore, le résultat final est le fruit de la manie de l'artiste pour l'accumulation et de la nécessité qu'il éprouve de remplir ses pages de tout ce qu'il aime et des idées qu'il partage.

Dans le domaine des arts, il insère des citations en puisant dans le cinéma et la photographie, des formes d'expression qui guident aussi son style narratif et qui sont sa plus grande innovation dans le domaine de la bande dessinée. Il fait aussi fréquemment des citations littéraires et des références aux arts figuratifs et non figuratifs de toutes les époques, un choix critiqué par certains puristes de la bande dessinée en tant qu'art populaire, et qui l'a classé comme un auteur élitiste et érudit, à la frontière entre la bande dessinée et les autres formes d'art.

Comme d'autres auteurs italiens, tels que Dino Battaglia et Sergio Toppi, Crepax aime réinterpréter les grands romans littéraires sous forme de bandes dessinées et faire des reconstitutions historiques, qu'il a également l'habitude de denteler avec un contenu politique significatif, reflet de sa sympathie pour les idées de Léon Trotski et de la Quatrième Internationale. Ce soutien est profondément remis en question par l'auteur durant la période de propagation du terrorisme en Italie, connue sous le nom d'« Anni di piombo » [Années de plomb].

Dans le domaine social, Crepax est un chroniqueur de son temps, mais aussi un précurseur des tendances futures. Personne avant lui n'avait accordé aux femmes une place aussi importante dans le monde de la bande dessinée, en les élevant au rang de protagonistes absolues et en étudiant leur psychologie avec un accent unique sur la psychanalyse du genre. Il célèbre également la révolution sexuelle de la seconde moitié des années 1960 et représente les luttes pour l'émancipation et l'indépendance économique des femmes. De même, il soutient les libertés individuelles pour tous, en particulier la liberté d'expression des artistes, en menant son propre combat contre la censure. Pour ce qui est des femmes en particulier, ce sont ces thèmes, toujours d'une grande contemporanéité, qui font du personnage de Valentina un véritable symbole de ces années-là, mais aussi un signe précurseur et visionnaire de la femme telle qu'elle est aujourd'hui. Une contemporanéité et une identification à elle par de nombreuses femmes, confirmées par la notoriété et la faveur dont Valentina jouit encore aujourd'hui.

Outre l'érotisme et le sexe – thèmes toujours d'actualité et abordés par Crepax sans clins d'œil sournois, car il s'intéresse davantage à l'esthétique, au théâtre et au symbolisme de ses représentations –, il convient enfin de mentionner sa passion secrète pour les mythes, l'occultisme et l'inconnu. Des arguments inhabituels et contradictoires pour un auteur qui s'est toujours présenté comme un adepte du siècle des Lumières. Né sous le signe imaginatif et rêveur du Cancer, Crepax voue depuis son enfance une passion à l'ésotérisme, aux figures symboliques, aux signes du Zodiaque, à la magie, aux monstres, aux contes et films d'horreur, aux méchants dans les contes de fées, qui sont bien plus fascinants que les gentils. Cette passion est manifeste dans ses illustrations de jeunesse et dans ses trois premiers grands cycles de récits, de 1965 au début des années 1970 (celui sur les *Sotterranei [Les Sous-sols]*, *Le Fiabe robotiche [Les contes de fées robotiques]* et *Baba Yaga*), et il est clair qu'il est relativement facile de trouver dans ses récits des images susceptibles de représenter la symbolique des arcanes mineurs et majeurs.

Dans le choix de ses personnages, Crepax est toujours davantage attiré par les femmes, créant une véritable galerie d'héroïnes de papier, chacune avec sa propre personnalité plus ou moins bien définie, et chacune représentant des environnements particuliers, des idées, des façons d'être, des névroses quotidiennes, etc.

Valentina est l'une des femmes les plus célèbres du monde de la bande dessinée : la seule capable de briller de sa propre lumière sans protagoniste masculin. C'est pourquoi elle est non seulement très appréciée des hommes, mais aussi des femmes, en tant que symbole d'indépendance, d'attrait et de séduction. Personnage symbolique des années 1960 et 1970, Valentina continuera pourtant à refléter les tendances et les particularités des décennies qui suivront. Son style novateur et avant-gardiste la rend plus contemporaine que jamais. La complexité de son personnage, qui regorge de facettes et de contradictions diverses, est l'une des clés de son succès, à tel point que de nombreuses femmes se sont identifiées à elle. Crepax se souciera toujours de construire un monde crédible autour d'elle. Sa date de naissance, sa carte d'identité, ses relations amoureuses, son enfant, son travail, sa voiture, ses vêtements et ses objets ménagers : tout est réel, une reproduction fidèle d'un quotidien vraisemblable.

Les rêves jouent également un rôle important dans le monde de Valentina, en ajoutant de la profondeur à son personnage et en rapprochant sa psychologie de celle d'une vraie femme. Riches en citations empruntées à toutes les formes d'art, ses histoires doivent beaucoup au cinéma et à la photographie en termes de mise en page et de rythme narratif. Montage, cadrage, enchaînements, coupes, détails : dans les histoires de Valentina en bande dessinée, tout n'est que cinéma et imagerie. Une grande attention est donc portée aux détails et aux accessoires : différents points de vue à partir desquels la scène peut être reconstruite. Des éléments qui confèrent une énorme pertinence et modernité à l'appareil graphique et au personnage, toujours en phase avec l'époque et les modes. Née d'un mythe du cinéma muet des années 1930 – l'actrice américaine Louise Brooks –, Valentina vit dans une réalité caractérisée par un intrigant mélange entre rêves et quotidien qui lui permet de survivre à son auteur, aussi bien dans les années 1960 que dans les décennies suivantes, la faisant devenir un témoin de son temps et de ses mœurs pendant plus de trente ans et pas seulement en Italie.

Ses bandes dessinées sont publiées en plus de 170 volumes et plus de 200 maisons d'édition, dans une vingtaine de langues et de pays différents. En 2012, l'écrivaine anglaise Noelle Harrison, sous le pseudonyme d'Evie Blake, écrit le roman *Valentina et la chambre obscure*, le premier d'un triptyque librement inspiré du personnage et publié dans dix pays du monde outre l'Italie. Aujourd'hui, Valentina est porteuse d'une esthétique vaste et intemporelle qui peut être classée de mille façons. Sa complexité et son agitation ont permis de séparer son personnage de sa forme narrative originale et de le faire renaître en tant qu'icône contemporaine. Une contemporanéité que l'on retrouve également sur le Web comme en témoignent les nombreux profils Facebook de jeunes qui n'ont pas lu ses histoires, mais qui s'approprient son état d'esprit au nom de choix personnels. Le monde numérique est également confronté au détachement, à l'élégance et à la conscience de ceux qui veulent vivre dans leur propre époque sans s'y perdre. Un état d'esprit universel qui peut être celui d'un adolescent, ou même d'un quadragénaire mûr ; d'un nouveau fan ou d'un lecteur de longue date.

Bianca. On peut dire que Valentina vit dans une réalité plausible, interrompue ici et là par des rêves et des fantasmes, tandis que Bianca vit un rêve entrecoupé de courts moments de vie réelle. C'est une Valentina libérée des règles et des conventions, presque toujours nue, pure et abstraite. Ses histoires sont un voyage à travers des lieux fantastiques où tout est le résultat de pensées désinhibées. Elle n'est pas un personnage, mais l'expression d'un désir. Le symbole d'un érotisme libre de tout prétexte, cette sexualité originale, ludique et anarchique, une fin en soi, que Freud avait intuitivement considérée comme un penchant constitutif de la femme.

Anita. Contrairement à Bianca, Anita vit comme une femme au foyer, prisonnière de ses névroses domestiques créées par les appareils qui ont le plus changé notre vie ces cinquante dernières années : la télévision avec sa télécommande, le téléphone et l'ordinateur. Les quatre histoires que Crepax lui a consacrées se déroulent principalement à la maison et sont devancières des visionnaires de la prédominance progressive du virtuel sur le réel que nous connaissons aujourd'hui.

Belinda. Afin de raconter le monde du disque où il a fait ses premiers pas comme illustrateur de couvertures, Crepax crée en 1967 le personnage de Belinda, une fille entreprenante et rebelle qui ne figurera que dans deux histoires (la première publiée en épisodes dans l'hebdomadaire *Sorrisi e Canzoni*), à mi-chemin entre la science-fiction des années 1950 et 1960, l'atmosphère surréaliste du film d'animation *Yellow Submarine* et les protestations des mouvements hippies contre le pouvoir excessif des grandes maisons de disques.

Becky Lee. Un autre personnage représentant le monde de la mode, que Crepax utilise à plusieurs reprises comme décor, puisque Valentina est photographe de mode et que les vêtements qu'elle porte dans les années 1960 et 1970 sont souvent des vêtements de créateurs français, et de grands créateurs italiens dans les décennies suivantes. Le modèle photographique Becky Lee figure dans une nouvelle mise en série par le magazine *Comic Art* en 1988, dans un monde plein de lumières et de glamour, comme on peut s'y attendre, mais aussi d'ombres et de mystère.

Giulietta. Jeune fille des années 1980, c'est une journaliste moderne et sans scrupule qui vit la crise du couple traditionnel. Giulietta est la protagoniste de sept courts épisodes publiés par le magazine *Comic Art* entre 1987 et 1989. Avec elle, l'auteur tente de raconter l'histoire d'une femme réelle, moins complexe et problématique que Valentina, qui vit des aventures inhabituelles dans la réalité quotidienne plutôt que dans le monde onirique typique de Crepax.

Francesca. Jeune lycéenne des années 1990, elle est le symbole d'une génération d'adolescents qui sont aux prises avec une nouvelle façon de comprendre la vie, les relations interpersonnelles et la famille élargie, à laquelle l'auteur de la bande dessinée ne s'identifie plus. Protagoniste d'une série d'aventures publiées en épisodes dans le magazine *Lupo Alberto* entre 1992 et 1995, Francesca témoigne de l'engagement de Crepax à ne pas abandonner la voie de la bande dessinée, malgré ses difficultés croissantes à créer de nouvelles histoires et de nouveaux personnages.

QU'EST-CE QU'ARCHIVIO CREPAX?

Créé en 2003 par la famille de Guido Crepax après sa mort, Archivio Crepax protège et offre de nouvelles façons de présenter le riche patrimoine d'images et de contenus résultant de l'œuvre du créateur de Valentina. En alliant leurs compétences en matière de design, de communication et de scénographie, ses enfants Antonio, Caterina et Giacomo ont constitué une collection rassemblant l'héritage culturel de leur père. Des expositions et des événements, de nouvelles éditions, des objets design, des licences et des projets multimédias sont développés dans le respect de l'œuvre originale et redécouvrent l'énorme contemporanéité des idées créatives de l'auteur.

LES SIGNIFICATIONS DIVINATOIRES

Le jeu de Tarot Valentina peut être lu comme n'importe quel autre jeu de Tarot. Toutefois, en raison des thèmes qu'elles abordent, ces cartes sont particulièrement adaptées aux tirages portant sur des questions relatives à l'amour, au sexe et aux relations.

L'amour, le sexe et les relations sont trois domaines très différents et pourtant très semblables, mais ils sont clairement distincts. C'est précisément parce que ce sont des domaines qui peuvent être source de confusion, de peur et d'insécurité (ainsi que de bonheur) pour l'âme humaine qu'ils font souvent l'objet de questions en cartomancie.

Pour consulter les cartes de Tarot, il suffit de poser une question, puis de sortir une carte et de considérer en quoi cet arcane répond au doute plus large qui sous-tend cette question.

Si une question est complexe, vous pouvez sortir plusieurs cartes.

Par exemple, trois cartes : la première indique les causes d'une situation, la deuxième décrit la situation dans le présent et la troisième comment elle pourrait évoluer.

Pour faciliter l'interprétation des cartes, les pages suivantes présentent une signification traditionnelle du tarot, mais aussi une signification liée à l'amour et au sexe, et une troisième liée aux relations.

ARCANES MAJEURS

0. LE FOU

Signification traditionnelle : Innocence
Signification sur l'amour et le sexe : Virginité
Signification sur la relation : Immaturité émotionnelle

I. LE MAGICIEN

Signification traditionnelle : Désir
Signification sur l'amour et le sexe : Initiative
Signification sur la relation : Partager des activités et des intérêts

II. LA GRANDE PRÊTRESSE

Signification traditionnelle : Connaissance
Signification sur l'amour et le sexe : Sentiments
Signification sur la relation : Garder ses pensées intimes pour soi

III. L'IMPÉRATRICE

Signification traditionnelle : Soin/Sollicitude
Signification sur l'amour et le sexe : Plaisir
Signification sur la relation : Prendre soin l'un de l'autre

IV. L'EMPEREUR

Signification traditionnelle : Domination
Signification sur l'amour et le sexe : Confiance en soi
Signification sur la relation : Domination sur l'autre

V. L'HIÉROPHANTE

Signification traditionnelle : Guide
Signification sur l'amour et le sexe : Enseignement
Signification sur la relation : Maturité émotionnelle

VI. LES AMOUREUX

Signification traditionnelle : Choix
Signification sur l'amour et le sexe : Faire l'amour
Signification sur la relation : La relation du couple

VII. LE CHARIOT

Signification traditionnelle : Victoire
Signification sur l'amour et le sexe : Rapport sexuel
Signification sur la relation : Avoir des projets en commun

VIII. LA FORCE

Signification traditionnelle : Pouvoir
Signification sur l'amour et le sexe : Résistance
Signification sur la relation : Se faire des compliments

IX. L'ERMITE

Signification traditionnelle : Solitude
Signification sur l'amour et le sexe : Masturbation
Signification sur la relation : Se sentir seul et incompris

X. LA ROUE DE FORTUNE

Signification traditionnelle : Temps
Signification sur l'amour et le sexe : Choix du moment
Signification sur la relation : Relation en dents de scie

XI. LA JUSTICE

Signification traditionnelle : Équilibre
Signification sur l'amour et le sexe : Réciprocité
Signification sur la relation : Manque de spontanéité

XII. LE PENDU

Signification traditionnelle : Difficulté
Signification sur l'amour et le sexe : Interruption
Signification sur la relation : Manque de spontanéité

XIII. LA MORT

Signification traditionnelle : Transformation
Signification sur l'amour et le sexe : Orgasme
Signification sur la relation : Un moment qui peut tout changer

XIV. LA TEMPÉRANCE

Signification traditionnelle : Gentillesse
Signification sur l'amour et le sexe : Câlins
Signification sur la relation : Accepter son partenaire

XV. LE DIABLE

Signification traditionnelle : Passion
Signification sur l'amour et le sexe : Égoïsme
Signification sur la relation : Tentations d'infidélité

XVI. LA TOUR

Signification traditionnelle : Destruction
Signification sur l'amour et le sexe : Refus
Signification sur la relation : Fondations ébranlées ou rupture de la confiance

XVII. L'ÉTOILE

Signification traditionnelle : Espoir
Signification sur l'amour et le sexe : Le moment avant
Signification sur la relation : Confiance en l'avenir et en son partenaire

XVIII. LA LUNE

Signification traditionnelle : Mystère
Signification sur l'amour et le sexe : Tomber amoureux
Signification sur la relation : Illusions et projections

XIX. LE SOLEIL

Signification traditionnelle : Clarté
Signification sur l'amour et le sexe : Faire une déclaration
Signification sur la relation : Rationalité et rigidité

XX. LE JUGEMENT

Signification traditionnelle : Conclusion
Signification sur l'amour et le sexe : Se faire des promesses mutuelles
Signification sur la relation : Dispute

XXI. LE MONDE

Signification traditionnelle : Plénitude
Signification sur l'amour et le sexe : Relation
Signification sur la relation : Harmonie

ARCANES MINEURS

SUITES DES COUPES

Signification traditionnelle : Émotions
Signification sur l'amour et le sexe : Émotions partagée
Signification sur la relation : Sentiments

AS DE COUPES

Signification traditionnelle : Source de l'émotion
Signification sur l'amour et le sexe : Organe sexuel féminin
Signification sur la relation : Amour

2 DE COUPES

Signification traditionnelle : Le couple
Signification sur l'amour et le sexe : Rapport sexuel
Signification sur la relation : Intimité

3 DE COUPES

Signification traditionnelle : Joie
Signification sur l'amour et le sexe : La recherche du plaisir
Signification sur la relation : Énergie dans le couple

4 DE COUPES

Signification traditionnelle : Ennui
Signification sur l'amour et le sexe : Habitudes
Signification sur la relation : Apathie dans le couple

5 DE COUPES

Signification traditionnelle : Perte
Signification sur l'amour et le sexe : Rapport sexuel non satisfaisant
Signification sur la relation : Insécurité

6 DE COUPES

Signification traditionnelle : Nostalgie
Signification sur l'amour et le sexe : Souvenir d'un autre
Signification sur la relation : Souvenirs heureux

7 DE COUPES

Signification traditionnelle : Illusions
Signification sur l'amour et le sexe : Fantasmes
Signification sur la relation : Projection sur le partenaire

8 DE COUPES

Signification traditionnelle : Refus
Signification sur l'amour et le sexe : Interruption
Signification sur la relation : Espaces individuels

9 DE COUPES

Signification traditionnelle : Satisfaction
Signification sur l'amour et le sexe : Post-orgasme
Signification sur la relation : Espaces partagés

10 DE COUPES

Signification traditionnelle : Harmonie
Signification sur l'amour et le sexe : Orgasme simultané
Signification sur la relation : Bonheur avec le temps

VALET DE COUPES

Signification traditionnelle : Tomber amoureux
Signification sur l'amour et le sexe : Préliminaires
Signification sur la relation : Début de l'amour

CAVALIER DE COUPES

Signification traditionnelle : Séduire
Signification sur l'amour et le sexe : Mots doux
Signification sur la relation : Vivre son amour

REINE DE COUPES

Signification traditionnelle : Écouter
Signification sur l'amour et le sexe : Se tenir l'un contre l'autre
Signification sur la relation : Recevoir de l'amour

ROI DE COUPES

Signification traditionnelle : Donner des conseils
Signification sur l'amour et le sexe : Douceur
Signification sur la relation : Donner de l'amour

SUITES DES DENIERS

Signification traditionnelle : Choses matérielles
Signification sur l'amour et le sexe : Le corps
Signification sur la relation : Espaces communs

AS DE DENIERS

Signification traditionnelle : Ressources
Signification sur l'amour et le sexe : Plaisir féminin
Signification sur la relation : Sécurité

2 DE DENIERS

Signification traditionnelle : Équilibre
Signification sur l'amour et le sexe : Rythme
Signification sur la relation : Des hauts et des bas

3 DE DENIERS

Signification traditionnelle : Construction
Signification sur l'amour et le sexe : Position
Signification sur la relation : Planifier

4 DE DENIERS

Signification traditionnelle : Méchanceté
Signification sur l'amour et le sexe : Égoïsme sexuel
Signification sur la relation : Égoïsme

5 DE DENIERS

Signification traditionnelle : Pauvreté
Signification sur l'amour et le sexe : Manque d'excitation sexuelle
Signification sur la relation : Difficultés partagées

6 DE DENIERS

Signification traditionnelle : Générosité
Signification sur l'amour et le sexe : Servir son partenaire
Signification sur la relation : Fortunes ou chances partagées

7 DE DENIERS

Signification traditionnelle : Possession
Signification sur l'amour et le sexe : Dominant
Signification sur la relation : Solidité dans le couple

8 DE DENIERS

Signification traditionnelle : Détails
Signification sur l'amour et le sexe : Zones érogènes
Signification sur la relation : Jour après jour

9 DE DENIERS

Signification traditionnelle : Richesse
Signification sur l'amour et le sexe : Satisfaction sensuelle
Signification sur la relation : Environnement favorable

10 DE DENIERS

Signification traditionnelle : Générations
Signification sur l'amour et le sexe : Connaître son corps
Signification sur la relation : Le poids des habitudes

VALET DE DENIERS

Signification traditionnelle : Avoir
Signification sur l'amour et le sexe : Se toucher l'un l'autre
Signification sur la relation : Début de la relation

CAVALIER DE DENIERS

Signification traditionnelle : Construire
Signification sur l'amour et le sexe : Masturbation
Signification sur la relation : Vivre la relation

REINE DE DENIERS

Signification traditionnelle : Protéger
Signification sur l'amour et le sexe : Mettre son partenaire à l'aise
Signification sur la relation : Recevoir au sein de la relation

ROI DE DENIERS

Signification traditionnelle : Administrer
Signification sur l'amour et le sexe : Se retenir
Signification sur la relation : Donner au sein de la relation

SUITES DES BÂTONS

Signification traditionnelle : Créativité
Signification sur l'amour et le sexe : Désir et excitation
Signification sur la relation : Intérêts

AS DE BÂTONS

Signification traditionnelle : Passions et désirs
Signification sur l'amour et le sexe : Organe sexuel masculin
Signification sur la relation : Désir

2 DE BÂTONS

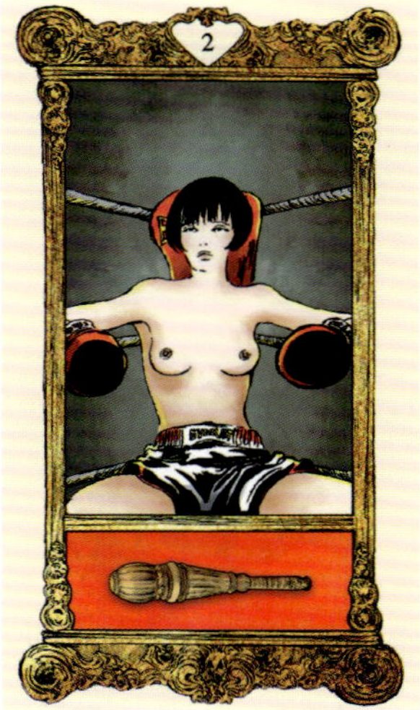

Signification traditionnelle : Initiative
Signification sur l'amour et le sexe : Pénétration
Signification sur la relation : Faire la cour

3 DE BÂTONS

Signification traditionnelle : Attente
Signification sur l'amour et le sexe : Mouvement
Signification sur la relation : Penser à son partenaire

4 DE BÂTONS

Signification traditionnelle : Préparation
Signification sur l'amour et le sexe : S'exciter mutuellement
Signification sur la relation : Amis en commun

5 DE BÂTONS

Signification traditionnelle : Entraînement
Signification sur l'amour et le sexe : Essayer de nouvelles choses
Signification sur la relation : Disputes positives

6 DE BÂTONS

Signification traditionnelle : Nouvelles ou informations
Signification sur l'amour et le sexe : Penser au plaisir du partenaire
Signification sur la relation : Suivre les goûts de son partenaire

7 DE BÂTONS

Signification traditionnelle : Défense
Signification sur l'amour et le sexe : Penser à son propre plaisir
Signification sur la relation : Conserver son identité

8 DE BÂTONS

Signification traditionnelle : Mouvement
Signification sur l'amour et le sexe : Accélération
Signification sur la relation : S'adapter à son partenaire

9 DE BÂTONS

Signification traditionnelle : Protection
Signification sur l'amour et le sexe : Rapports sexuels protégés
Signification sur la relation : Devenir rigide

10 DE BÂTONS

Signification traditionnelle : Fatigue
Signification sur l'amour et le sexe : Épuisement
Signification sur la relation : Trop donner

VALET DE BÂTONS

Signification traditionnelle : Être
Signification sur l'amour et le sexe : Regarder
Signification sur la relation : Début d'un intérêt

CAVALIER DE BÂTONS

Signification traditionnelle : Explorer
Signification sur l'amour et le sexe : Toucher
Signification sur la relation : Vivre un intérêt

REINE DE BÂTONS

Signification traditionnelle: Comprendre
Signification sur l'amour et le sexe: Griffer
Signification sur la relation: Poursuivre un intérêt

ROI DE BÂTONS

Signification traditionnelle : Imaginer
Signification sur l'amour et le sexe : Mordre
Signification sur la relation : Proposer un intérêt

SUITES DES ÉPÉES

Signification traditionnelle : Rationalité
Signification sur l'amour et le sexe : Avant et après
Signification sur la relation : Communication

AS D'ÉPÉES

Signification traditionnelle : Intelligence
Signification sur l'amour et le sexe : Plaisir masculin
Signification sur la relation : Affinité

2 D'ÉPÉES

Signification traditionnelle : Dilemme
Signification sur l'amour et le sexe : Hésitation
Signification sur la relation : Prendre parti

3 D'ÉPÉES

Signification traditionnelle : Douleur
Signification sur l'amour et le sexe : Insuffisance ou inadéquation
Signification sur la relation : Blesser et être blessé

4 D'ÉPÉES

Signification traditionnelle : Paix
Signification sur l'amour et le sexe : Timidité
Signification sur la relation : Solitude et silence

5 D'ÉPÉES

Signification traditionnelle : Victoire
Signification sur l'amour et le sexe : Séduction
Signification sur la relation : Conflits au sein du couple

6 D'ÉPÉES

Signification traditionnelle : Voyage
Signification sur l'amour et le sexe : Proposition
Signification sur la relation : Sortir de sa zone de confort

7 D'ÉPÉES

Signification traditionnelle : Subterfuge
Signification sur l'amour et le sexe : Déception
Signification sur la relation : Choses cachées

8 D'ÉPÉES

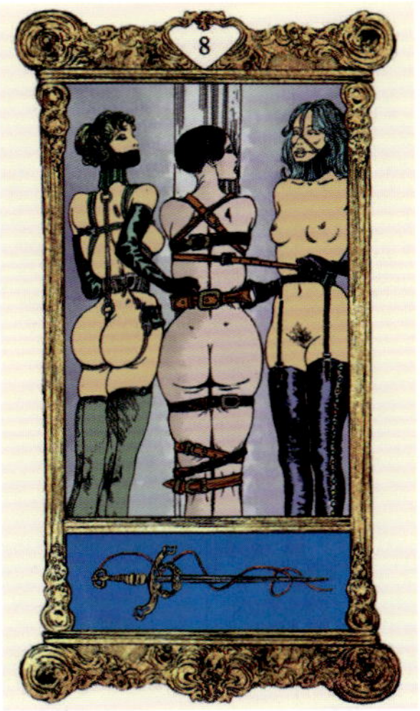

Signification traditionnelle : Blocage
Signification sur l'amour et le sexe : Angoisse de performance
Signification sur la relation : Sens du devoir

9 D'ÉPÉES

Signification traditionnelle : Remords
Signification sur l'amour et le sexe : Regret
Signification sur la relation : Douleur non partagée

10 D'ÉPÉES

Signification traditionnelle : Infidélité
Signification sur l'amour et le sexe : Adultère
Signification sur la relation : Casser

VALET D'ÉPÉES

Signification traditionnelle : Planifier
Signification sur l'amour et le sexe : Première fois
Signification sur la relation : Début d'un dialogue

CAVALIER D'ÉPÉES

Signification traditionnelle : Agir
Signification sur l'amour et le sexe : Insister
Signification sur la relation : S'exprimer dans un dialogue

REINE D'ÉPÉES

Signification traditionnelle : Se rappeler
Signification sur l'amour et le sexe : Malaise
Signification sur la relation : Écouter dans un dialogue

ROI D'ÉPÉES

Signification traditionnelle : Juger
Signification sur l'amour et le sexe : Expérience
Signification sur la relation : Juger dans un dialogue

NOTES PERSONNELLES

GUIDO CREPAX '69

TAROT VALENTINA

Intuitives
ÉDITIONS

collection
LO SCARABEO

GUIDO
CREPAX

II
LA GRANDE PRÊTRESSE

GUIDO
CREPAX

III
L'IMPÉRATRICE

GUIDO
CREPAX

IV

L'EMPEREUR

GUIDO
CREPAX

V
L'HIÉROPHANTE

GUIDO
CREPAX

IX
L'ERMITE

GUIDO
CREPAX

X
LA ROUE DE FORTUNE

GUIDO
CREPAX

XVI
LA TOUR

GUIDO
CREPAX

XIX
LE SOLEIL

GUIDO
CREPAX

2

GUIDO
CREPAX

3

GUIDO
CREPAX

4

GUIDO CREPAX

5

GUIDO
CREPAX

6

GUIDO CREPAX

7

GUIDO
CREPAX

8

GUIDO
CREPAX

10

GUIDO CREPAX

CAVALIER de COUPES

GUIDO
CREPAX

ROI de COUPES

GUIDO
CREPAX

AS de DENIERS

GUIDO
CREPAX

2

GUIDO CREPAX

3

GUIDO CREPAX

4

GUIDO
CREPAX

5

GUIDO
CREPAX

6

GUIDO
CREPAX

7

GUIDO
CREPAX

8

GUIDO
CREPAX

9

GUIDO
CREPAX

10

GUIDO
CREPAX

VALET de DENIERS

GUIDO
CREPAX

CAVALIER de DENIERS

GUIDO CREPAX

REINE de DENIERS

GUIDO
CREPAX

ROI de DENIERS

GUIDO
CREPAX

AS de BÂTONS

GUIDO
CREPAX

2

GUIDO
CREPAX

3

GUIDO CREPAX

4
PELLERIN

GUIDO
CREPAX

5

GUIDO
CREPAX

6

GUIDO
CREPAX

7

GUIDO CREPAX

8

GUIDO
CREPAX

9

GUIDO
CREPAX

10

GUIDO
CREPAX

VALET de BÂTONS

GUIDO
CREPAX

CAVALIER de BÂTONS

GUIDO CREPAX

REINE de BÂTONS

GUIDO
CREPAX

ROI de BÂTONS

GUIDO
CREPAX

AS d'ÉPÉES

GUIDO
CREPAX

2

GUIDO
CREPAX

3
WHIP...
WHIP...

GUIDO CREPAX

4

GUIDO CREPAX

5

GUIDO
CREPAX

6

GUIDO
CREPAX

7

GUIDO
CREPAX

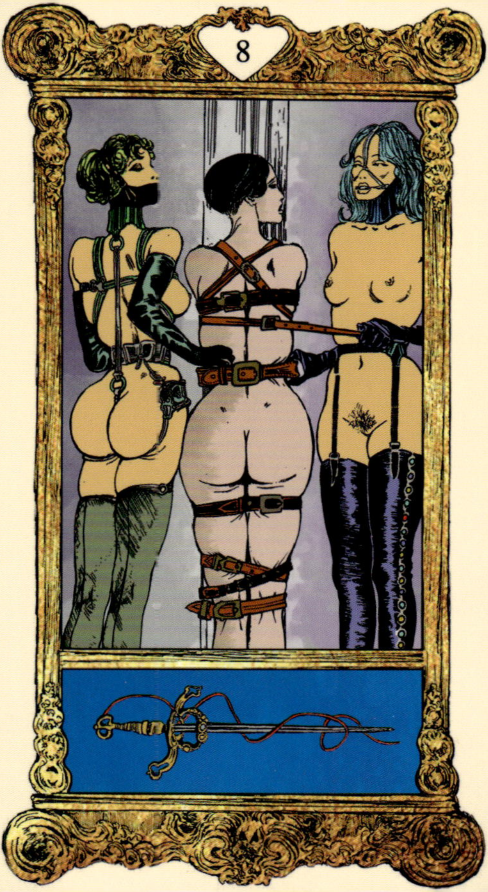
8

GUIDO
CREPAX

9

GUIDO CREPAX

10

GUIDO
CREPAX

VALET d'ÉPÉES

GUIDO
CREPAX

CAVALIER d’ÉPÉES

GUIDO
CREPAX

REINE d'ÉPÉES

GUIDO
CREPAX

ROI d'ÉPÉES

GUIDO
CREPAX